书 香 雅 集

少 年 中 国 地 理

张家界

姚青锋　吕芳青◎主编　书香雅集◎绘

吉林科学技术出版社

目·录

4 神奇之地

6 张家之界

8 风景名胜

10 三千奇峰

12 八百秀水

14 龙洞探幽

16 造山运动

18 山体演化

20 云山雾海

22 雾的奥秘

24 天门洞开

26 天空之桥

28 鬼谷天堑

30 人间仙境

32 天上瑶池

34 珍稀植物

36 神奇动物

38 空中田园

40 神话传说

42 古老村寨

44 土家风俗

46 山水画韵

张家

神奇之地

　　在中国南方的中部，北纬30度附近，有一块与世隔绝的神秘土地——张家界。这里的自然风景十分奇特，有三千奇峰、八百秀水、千块怪石、万丈深渊、无数稀世古木和珍禽异兽……晴天时霞光绮丽，阴雨天云雾缥缈，美丽虚幻如同仙境。它号称是中国一切山水画的蓝本，被誉为"扩大的盆景，缩小的仙境"，又称作"世外桃源"。

"界"在市域有两层含义：一是指领属界限，二是指高山。清代道光版《永定县志》载："无事溪发源于张家界。"民国版《慈利县志》载："索溪上源于张家界。"此处张家界，指的是今张家界国家森林公园一带。

1982年9月，国务院委托计委将湖南大庸县政府所办的国营张家界林场所属范围定名为"张家界国家森林公园"，其成为中国第一个国家森林公园。

1992年，张家界的武陵源风景名胜区被联合国教育、科学及文化组织（以下简称"联合国教科文组织"）列入《世界遗产名录》。

张家之界

　　"张家界"这个名字最早出现于明代。在公元1488年至1506年，明代大臣张万聪因在战场上立功而受皇帝封赏，获得了今天张家界国家森林公园一带的"山林之地"作为封地。于是张家主仆带着一些土家族人搬迁至此，开发并经营这片山林，世代相传。

　　到了公元1631年，张万聪的第六代孙张再昌编写《崇祯张氏族谱》，正式将"张家界"这一名称写于书中。到了20世纪末，张氏子孙已在此繁衍了17代，人口近千。

　　还有另一种说法认为，在上古时期，土家族的祖先就已在此地繁衍生息，因此这里在西汉以前就被称为"张家界"。

广义上的"张家界"是指今天湖南省的张家界市，古称为"大庸县"。1949年，新中国成立后，张家界一带全境解放，后来"大庸"由县升为地级市；到1994年，"大庸市"又正式更名为"张家界市"。

张家界市下有永定、武陵源两个区，以及慈利和桑植两个县，总面积9533平方千米。在这里，土家族、白族、苗族等多个民族聚居生活。张家界市常住人口有168万。

桑植

武陵源 慈利

永定

风景名胜

　　张家界市位于湖南省西北部，澧水中上游，地处武陵山腹地，是我国著名的旅游城市。张家界以自然风景为主，到处都是石柱石峰、断崖绝壁、古树名木、流泉飞瀑、珍禽异兽。置身其间，只见云气蒸腾、白云往返，似梦如幻，恍如到了一个神秘缥缈的"人间仙境"。

　　张家界境内有武陵源风景名胜区、天门山国家森林公园、八大公山国家级自然保护区等众多旅游资源。其中，武陵源风景名胜区由张家界国家森林公园、索溪峪自然保护区、天子山自然保护区和杨家界风景区构成，有黄石寨、金鞭溪、十里画廊、天子山、神堂湾等100多个自然景观，是国家重点风景名胜区、国家5A级旅游景区、世界地质公园，入选联合国教科文组织设立的《世界遗产名录》。

杨家界索道

袁家界

黄石寨

金鞭岩

张家界森林公园门票站

天子山

金鞭溪

吴家峪门票站

千里相会

梓木岗门票站

宝峰湖

天门洞

三千奇峰

在苍茫的云海之间，3000多座巨大的石峰拔地而起，它们参差不齐，绵延成林，峰林总面积达264平方千米。这些石峰如同斧砍刀劈而成，奇形怪状、大小不一，有的像人，有的像兽，高高堆叠，险峻陡峭，看似摇摇欲坠，实则已在此矗立了数亿年，呈现出令人惊叹的独特景象。

大自然的鬼斧神工造就了这一神奇与独特的自然景观，其中有名的有：天子山的御笔峰和神兵聚会、天门山的天门洞、金鞭溪的金鞭岩、袁家界的天下第一桥等。

张家界地貌

张家界地貌是砂岩地貌的一种特殊类型，它由原始海洋搬运、积压而形成的坚硬石英砂岩构成母岩石，后来地表抬升，海水退去，再经过流水侵蚀、重力崩塌、风化等作用，形成了以棱角平直的高大石柱林为主的地貌景观。

除了峰林，砂岩地貌还包括方山、平台、嶂谷、峰墙（石墙）、天生桥等造型地貌。

流水侵蚀　　　　　　　重力崩塌　　　　　　　风化作用

张家界地貌的发育过程：台地→方山→峰墙→石柱→峡谷。

11

八百秀水

人们常说"水绕山转"，在张家界三千奇峰之间，流淌着一道道奇异的水流，有从悬崖上奔流而下的瀑布、有从峭壁上飞洒落谷的山泉、有在山间坡地上潺潺流淌的小溪、有静卧在谷地的湖泊，以及深藏山石夹缝之间的幽谧深潭等，其中以张家界森林公园的金鞭溪最为闻名。

金鞭溪因流经金鞭岩而得名，全长7500米，它曲折蜿蜒，溪水清澈，小鱼游弋，两岸奇峰林立，古木葱茏，鸟兽穿行，云海缥缈，所经谷地被誉为"世界上最美丽的峡谷之一"。

大自然的雕刻师——水

俗话说"滴水穿石"，由于地表急剧抬升，张家界原始海洋流水的下切作用力加大，还来不及拓宽，便向下切割山峦，深挖地表，使得山峰日渐尖峭、河谷日渐深凹，形成了山峰、深渊、隘谷、峡谷等地貌。

金鞭溪植物的板根，为什么长得又细又长？

板根是热带植物特有的一种板状不定根，类似气生根，是植物用来吸收水分、阳光、养分以及支撑树体所生出的须根。虽然张家界位于亚热带，但金鞭溪位于峡谷底层，日照少，加之周围密布的砂岩地貌和水流侵蚀后的土壤层稀薄，导致植物必须伸出又细又长的板根以获取更多的水分、养分，并加宽根基保持植株的稳定。

有诗人称赞金鞭溪："清清流水青青山，山如画屏人如仙，仙人若在画中走，一步一望一重天。"

龙洞探幽

在张家界的大地之下，伫立着1700多根尖尖的石笋、石柱，形成了一个个奇异神秘的洞内天堂，即溶洞。其中最为著名的是索溪峪的"黄龙洞"。黄龙洞全长7.5千米，总面积达10万平方米，洞中有洞，洞中有山，洞中有河，其规模、形状包含了溶洞学领域的所有内容，因此享有"世界溶洞全能冠军"的荣誉。

喀斯特地貌的杰作——溶洞

溶洞是由水流侵蚀可溶性岩石形成的"喀斯特地貌"，由于侵蚀的形式不同，洞内形成了石笋、石钟乳等不同形态。

石钟乳是洞顶富含碳酸钙的水滴，在与空气中的二氧化碳反应后，经年累月，由上往下形成的倒立型锥体淀积物。而滴落地表的部分则由下往上形成直立型石笋沉积物。当石笋与石钟乳无限接近时，就会连成一体，形成一根支撑洞庭的石柱。不过，这个过程极其缓慢，石笋大约需要经历1万年才长高1米。据说黄龙洞中最高的石柱"定海神针"历经了大约20万年才长成如今19.2米的高度。

溶洞　溶蚀漏斗　天坑　峰丛洼地　峰林平原

喀斯特地貌的
形成过程图

起始阶段

峰丛阶段

峰林阶段

造山运动

海洋流水

冰川融水

  张家界的神奇地貌源于一场古老的造山运动——燕山运动。在距今一亿三四千万年前，地壳运动活跃，陆地抬升，中国大地因受到周围板块碰撞挤压而形成褶皱，塑造出了一系列山脉，如唐古拉山、太行山、燕山等，其中以北京附近的燕山隆起最为明显，地理学家由此命名这场地壳运动。燕山运动使张家界的岩石发生断裂、变形，内部形成许多节理和裂缝，为后来的风化和流水切割提供了条件。

两场声势浩大的中国造山运动

  近1亿年来，中国大地上的造山运动主要分为两个时期：在距今一亿三四千万年前至七千万年前的燕山运动中，中国的大部分地貌在这个时期有了雏形；以及在近三千万年以来的喜马拉雅山造山运动中，天门山被塑造成形。直到今天，喜马拉雅山造山运动仍在进行，中国西南四川盆地频繁发生地质灾害——地震，就是其活动的体现，这个地震带还被命名为"喜马拉雅地震带"。

- AI地理导航
- 听云雾声纹
- 读石柱密码
- 写峰林奇旅

扫码查看

风力剥蚀

降水淋溶

在造山运动中，急剧凸起的山脉在海洋流水、冰川融水、风力剥蚀、降水淋溶等多重外力作用下，被切割，下凹成谷，而剩余部分则随着地表抬升而独立成峰，经过漫长的岁月，形成了如今千峰林立的张家界地貌。

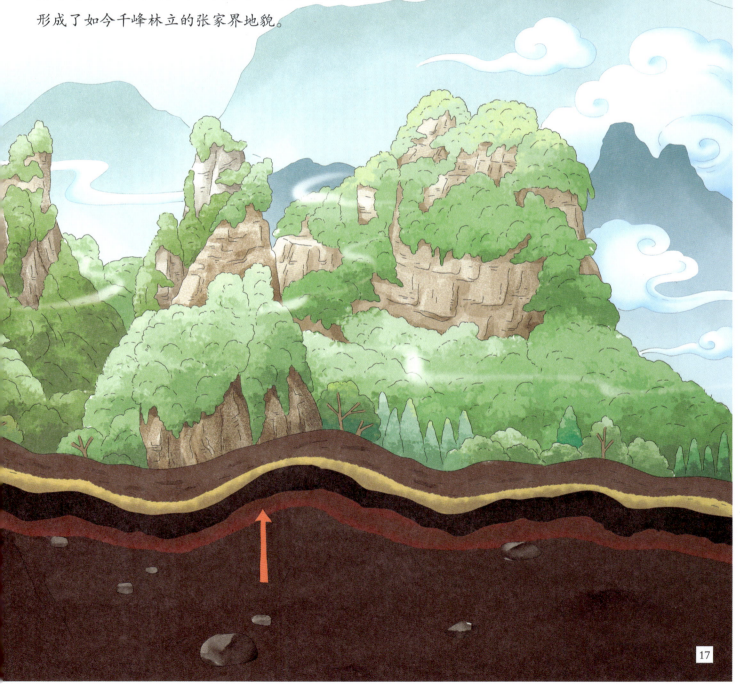

山体演化

在剧烈的造山运动背景下，张家界的峰林地貌也在不断重新塑造，至今仍在侵蚀作用下发生形态改变，总体呈现出一个典型的演化规律：方山——峰墙——峰林——残林。

方山

流水冲刷山顶形成的平台，中央平坦，边缘陡峭，像一张桌子，又称桌状山。当地人称方山为"寨"。黄石寨和腰子寨都是方山地貌。

峰墙

流水沿平台或方山的固定方向侵蚀，形成有规律的延伸墙状山体。如：百丈峡。

峰林

方山、峰墙等被流水进一步切割，崩塌，形成圆柱状、方柱状、菱柱状等各种形状的石柱构成的丛林叫峰林。如：十里画廊。

残林

流水继续下切峰林基底，使得周围石柱倒塌，只剩下孤立峰柱。如：南天一柱。

18

方山形成过程示意图

1. 两种岩层水平叠加，上部硬，下部软。

2-3. 随着地壳抬升、风雨侵蚀、河流切割，岩层逐渐剥落，形成山体。

4. 风化形成方山，山顶为残余的硬岩层。

张家界地貌代表了地球上一种独特的地貌形态：平台——方山——峰墙——峰林——残林，演化过程清晰，在砂岩地貌景观中具有系统性、完整性、稀有性和典型性等特征，是全球研究砂岩地貌形成、发展演化机制的典型区域。

云山雾海

　　雨后的张家界，云雾缭绕在山峦之间，宛如棉被静静笼盖在山谷间，或如河流徐徐流淌在山腰上，或如丝带轻轻萦绕在山尖……云流雾绕，气势磅礴，奇峰怪石若隐若现，仿佛一幅绝美的水墨画。其中以武陵源风景名胜区的天子山、黄石寨、百丈峡和天门山国家森林公园的天门洞等景区的雾景最为有名。

　　张家界常年多雨，年降水量能达到1400毫米，尤其在降雨后，大雾厚且持久，挥之不去，所以张家界成了一个多雾之地。

天门吐雾

　　每当雨天过后，天门山的天门洞就会雾气缭绕，一团团云雾自洞中缓缓流出，时而袅袅生烟，时而翻滚喷涌，虚幻缥缈，犹如天宫吐雾，又似仙山流瀑，十分壮观，让人大饱眼福，世称"天门吐雾"。

雾的奥秘

张家界的气候属于亚热带山原型季风性湿润气候，常年降水充沛，地表河流众多，空气湿度大，为雾的形成提供了水分条件。同时，这里纬度低，光照充足，且海拔高，早晚温差大，为雾提供了足够的温差条件。

雾，是指在接近地球表面大气中悬浮的由小水滴或冰晶组成的水汽凝结物，是一种常见的天气现象。当气温达到露点温度①（或接近露点）时，空气里的水蒸气凝结生成雾。雾和云的不同之处在于，云生成于大气的高层，而雾接近地表。

① 在空气中水汽含量不变，保持气压一定的情况下，使空气冷却达到饱和时的温度为露点温度，简称露点，其单位与气温相同。一般把0摄氏度以上称为"露点"，把0摄氏度以下称为"霜点"。

雾的常见类型

辐射雾

近地面水汽充沛，因地面辐射冷却明显，致水汽凝结效应显著而形成。

平流雾

暖而湿的空气做水平运动，经过寒冷的地面或水面，逐渐冷却而形成。

雾一般出现在晴朗、微风、近地面水汽比较充沛且比较稳定的夜间和清晨。雾的形成，通常需要具备以下三个条件：

1. 空气中要有充足的水汽，如临海、雨季、河湖或暖流；

2. 地面热量散失，温度下降，垂直方向上出现逆温②，发生冷却；

3. 空气中有凝结核（空气中有大量的悬浮微粒物）。

雾消散的原因：一是下垫面的增温，雾滴蒸发；二是风速增大，将雾吹散或抬升成云；三是湍流混合，水汽上传，热量下递，近地层雾滴蒸发。

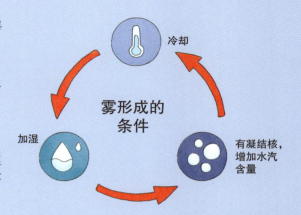

雾形成的条件

冷却

加湿

有凝结核，增加水汽含量

蒸发雾

冷空气流经温暖水面，如果气温与水温相差很大，水面蒸发的大量水汽便凝结成雾。

上坡雾

潮湿空气沿着平缓的山坡上升，气温降低使空气达到过饱和而产生的雾。

锋面雾

经常发生在冷、暖空气交界的锋面附近，一般雾后便是持续性的降雨。

②逆温是指高空的气温比低空气温更高的现象，空气"脚重头轻"，发生逆温现象的大气层被称为"逆温层"。

天门洞开

　　天门洞位于天门山国家森林公园天门山中部，洞高131.5米，宽57米，深60米，是世界罕见的天然穿山溶洞，为张家界的一大奇观。由于造型奇特，天门洞在众多古书中被称为"仙境之门"，吸引着历代帝王官臣、文人墨客前来探访游赏，逐渐形成了天门山独特厚重的"天门文化"。

　　东晋诗人陶渊明作过一篇著名散文《桃花源记》，将张家界一带的"武陵源"称作"世外桃源"，而天门洞则被认为是人间通往世外桃源的洞口。受此启发，唐代诗人王维也作了一首古诗《桃源行》，用来记录关于张家界的传奇逸事。

天门山古称嵩梁山。相传在三国时期，有一天，山体轰然崩开，岩石脱落形成一洞，洞口明亮如大门，似通天之门。吴景帝认为这是吉祥之兆，便将嵩梁山改名为天门山。

天门洞从何而来？

天门洞有多种地质成因。在燕山运动时期，天门山山体受挤压大幅隆起，形成山峰。在挤压之时，岩石破碎，加之此山岩石层中含有大量可溶性的碳酸盐，后又经过漫长的流水侵蚀作用，岩石层溶蚀、坍塌，剩余的部分越来越少，最终形成了穿洞。

穿洞，是指穿山而过、两端透光且洞长大于洞宽的地貌景观。

《桃源行》

〔唐〕王维

渔舟逐水爱山春，两岸桃花夹古津。

坐看红树不知远，行尽青溪不见人。

山口潜行始隈隩①，山开旷望旋平陆。

遥看一处攒云树，近入千家散花竹。

樵客初传汉姓名，居人未改秦衣服。

居人共住武陵源，还从物外起田园。

月明松下房栊静，日出云中鸡犬喧。

惊闻俗客争来集，竞引还家问都邑。

平明闾巷扫花开，薄暮渔樵乘水入。

初因避地去人间，及至成仙遂不还。

峡里谁知有人事，世中遥望空云山。

不疑灵境难闻见，尘心未尽思乡县。

出洞无论隔山水，辞家终拟长游衍。

自谓经过旧不迷，安知峰壑今来变。

当时只记入山深，青溪几度到云林。

春来遍是桃花水，不辨仙源何处寻。

①隈隩（wēi yù）：曲折幽深的山坳河岸。

天空之桥

在张家界国家森林公园北部的袁家界的众多石峰中，大自然将两座陡峭的山峰用一块石板连在一起，形成了一座天然的空中桥梁，可谓鬼斧神工。此桥长20余米，宽约2米，高350米，桥上长着苍松古藤，桥底则是万丈深渊。起风时，桥四周雾气飘忽，林涛涌动，桥面也似乎摇摇欲坠，高度和惊险程度均为天下罕见，故称"天下第一桥"。

见此图标
微信扫码　峰林秘境
　　　　　张家界篇

一个整体山　　　　　风吹日晒　　　　　流水冲刷

中间山体崩塌

天空之桥是怎样形成的?

　　地质学家推测,在远古时期,峰桥两侧的山其实是同一座山,但由于山体中部的石质层构造较为脆弱(与天门洞的形成是同一原理),在经历亿万年的风吹日晒、流水冲刷、山体崩塌等过程后,中间部分石块逐渐脱落,剩下峰顶的石廊,形成了如今的石拱桥。

鬼谷天堑

　　天门山国家森林公园内有一条狭小的裂缝出现在两崖之间，犹如天上神兵挥一柄大斧将山体劈成两半，形成了一道深达数百米的天然纵向深沟。后来人们又在山崖两侧架起了一条险如登天的栈道。从栈道上走过时，往下一看，峡谷深不见底，时而怪声回旋，时而云雾翻涌，摇摇欲坠，十分神秘。相传，战国时期的隐士鬼谷子曾在此深沟中修炼飞檐走壁的神功，此洞因此得名"鬼谷洞"。

神秘的鬼谷洞

　　关于鬼谷洞的记录寥寥无几，因为此洞位于悬崖绝壁上，只能通过从山顶吊索而下，出入非常艰难。从地理学的角度来看，鬼谷洞大致可以归为溶洞一类。据部分探险队考察发现，洞中曾有人类生活的痕迹，有石床、石桌、篆文等，甚至有奇怪的阴影显现在石壁上，因此有人称此处有世外高人居住。

栈道：原指沿悬崖
峭壁修建的一种道路。
又称阁道、复道。中国
古代高楼间架空的通道
也称栈道。

人间仙境

　　每年12月至次年2月是张家界的冬天，此时山脚的树木还泛着绿意，山上则已白雪皑皑，雾凇、冰柱、冰晶悬挂在树枝、山腰和栈道上，将张家界装扮成一个神奇的人间仙境。

雾凇

　　雾凇，俗称冰花、树挂等，是低温时空气中水汽直接凝华或过冷雾滴直接冻结在物体上形成的乳白色冰晶沉积物。雾凇的形成既要求寒冷的温度，又要求充足的水汽，还不能有大风，遇到刮风水汽就会被吹得无影无踪。雾凇形成条件苛刻，是非常难得的自然奇观。

下沉气流

上升气流

下沉气流

气温随海拔变化的规律

通常情况下，气温与海拔的关系是海拔越高,气温越低。因为对流层大气的主要直接热源是地面，离地面越远，得到的地面辐射越少，气温也就越低。每上升100米，气温下降约0.6摄氏度。

山上雪景

云雾

稀罕的秘境雪景

张家界的气候属于亚热带山原型季风性湿润气候，冬温夏热，冬天降雪的概率并不高，但随着海拔逐渐升高，气温逐渐降低，山顶温度接近零下，为降雪制造了条件。这种规律的具体表现为：海拔每升高100米，气温大约会下降0.6摄氏度。而在一些少见的年份，寒潮来袭，山顶最低气温可以降至−5摄氏度，便形成了降雪天气。

山下绿景

天上瑶池

在武陵源风景名胜区东部诸峰的山顶之上，静卧着一面干净如翡翠的湖泊——宝峰湖。宝峰湖以其秀丽的湖水、神奇的峰峦和飞腾的瀑布而闻名，被誉为"世界湖泊之珠"。

相传湖中有一巨石形似元宝，因此得名宝峰湖。宝峰湖是张家界唯一以水为主的自然景观。此外，有"水中大熊猫"之称的大鲵（ní）以及红腹角雉等珍稀动物也在这里栖息。

一线天

奇峰飞瀑

宝峰湖

鹰窝寨

天然与人造合一的水库

虽然宝峰湖属于喀斯特地貌，但它实际上是一座人工湖，通过筑坝拦截而成。主要景观由宝峰湖和鹰窝寨两大块组成。宝峰湖、奇峰飞瀑、鹰窝寨、一线天被称为武陵源"四绝"风景。宝峰湖最著名的"宝峰飞瀑"，是中国最高的瀑布之一，海拔约600米，水流从山顶倾泻而下，形成壮观的白色水帘。86版电视剧《西游记》中花果山水帘洞外景就是在此拍摄的。

宝峰湖是一处罕见的高山湖泊，海拔1200米，长2500米，水面最宽处为150米，平均水深约72米。

珍稀植物

　　张家界国家森林公园是中国第一个国家森林公园，由于地处亚热带常绿阔叶林带，景区内植物生态群落系统完整。在第四纪冰川时代，因地理位置优势未被冰川覆盖，所以保留了大量珍贵植物，成为第三纪孑遗（jié yí）植物的避难所，被誉为"世界罕见的物种基因库"。

地球上的活化石——孑遗植物

　　孑遗植物是一类古老的植物，起源于距今约6500万年至260万年前的第三纪，甚至更早。它们的形态和特性与古代化石中发现的植物保持一致，见证了地球环境变化和生物演化的历史，因此被称为"活化石"。孑遗植物的近亲植物大多在地球的造山运动和冰川运动中灭绝，因此它们在物种上相对孤立，且进化速度缓慢，非常罕见。银杏、水松、珙桐、鹅掌楸、红豆杉、桫椤、松叶蕨等都是孑遗植物的典型代表，大多数属于濒危物种。

银杏

珙桐

血皮槭

茅岩莓

何首乌

天麻

银杏　　水松　　珙桐　　鹅掌楸　　红豆杉　　杪椤　　松叶蕨

目前，张家界拥有1049种木本植物，其中属国家重点保护的植物有19种，一级保护植物为珙桐，二级保护植物有银杏、伯乐树、白豆杉、伞花木、杜仲、巴东木莲、篦子三尖杉、鹅掌楸、香果树等；三级保护植物有闽楠、银鹊树、华榛、乐东拟单性木莲、长苞铁杉、青檀、红豆树、黄连、天麻等。省级重点保护植物有46种，如罗汉松、血皮槭（qì）、天师栗等；还有多种名贵药材，如灵芝、天麻、何首乌、杜仲、茅岩莓等。

罗汉松

伯乐树

红豆杉

鹅掌楸

神奇动物

张家界热量充足、水源丰富、植物繁茂，拥有完整的原始生态系统，为珍稀动物提供了赖以生存的环境。

张家界拥有野生兽类 60 余种，禽类 150 余种，两栖类 10 余种，爬行类 27 种。其中，国家一级保护动物有 9 种，如华南虎、云豹、林麝、金雕、白颈长尾雉、穿山甲等；国家二级保护动物有 50 余种，如猕猴、黑熊、水鹿、斑羚、红腹角雉、锦鸡等；省级重点保护动物有 80 余种，如毛冠鹿、果子狸、小麂（jǐ）等。

猕猴

毛冠鹿

华南虎

穿山甲

果子狸

张家界大鲵

在金鞭溪的水底，生活着一种极罕见的两栖动物——大鲵，这种动物体形肥大，呈扁筒形，头部扁平宽阔，长有一对小眼睛，身上无鳞却有斑纹，相貌怪异又可爱。大鲵是张家界特产，属于国家二级保护动物，有极高的药用价值，被誉为"水中人参""软黄金"。

据说，大鲵和恐龙是同一时代的动物，恐龙已经灭绝约6500万年，大鲵依然顽强地存活在地球上，因此被誉为"游动的活化石"。

大鲵

黑熊

金雕

白颈长尾雉

红腹角雉

林麝

锦鸡

空中田园

　　在张家界的 3000 多座山峰中，有一处位于万丈深渊之上、海拔 1000 多米的峰顶，这里分布着一片片供当地人世代耕作的田地，被称为"空中田园"。这些田地大小不一，形状各异，呈阶梯状分布，供山上的几十户土家村民种植粮食。

　　每当春秋之季，山上的村民在这里耕作、收获时，常常被周围的白云缭绕，在雾气弥漫中，一切变得如梦似幻，仿佛置身于天上，给人一种"身在农田中，如在彩云间"的感觉。

空中田园是谁开发的

坐落在天子山风景区老屋场的空中田园，三面是悬崖，一面临坡，由住在山顶土家寨的一户彭姓人家历经数十年耕耘而成。它的面积约为3000平方米，整体呈现葫芦形，在水田中部还有一块形状奇特的心形蚌田。田中种植水稻、玉米、黄豆等作物，还有小鱼、蝌蚪在此生活。据说，田园的主人还在修建观景台，供游客从最佳角度观看空中田园，遥望对面的袁家界。

在古代，土家人不但在峰顶开田种植，还在悬崖峭壁上采摘石耳。由于道路不通，他们只能依靠在腰部悬挂绳子进行攀岩。这是一种极其危险的活动，稍有不慎就可能坠入谷底。因此，现今的土家人已经很少在峭壁上行走。不过在景区内，观众仍有机会欣赏到"采石耳"这项稀有的职业悬崖表演活动。

石耳，别名石木耳、岩菇、脐衣、石壁花。其形状扁平似耳，常生长于悬崖峭壁的阴湿石缝之中，所以又称为"绝壁之花"。

采摘石耳不仅需要经验，还需要勇气。采摘高手仅凭一根绳索，便能在悬崖峭壁上灵活地左右移动，寻找石耳，好似"飞檐走壁"的武功高手。

采石耳

〔明〕释函可

唐帽万仞（rèn）崖，下临不见底。

乾叶挂危枝，苔藓烂苍紫。

黄鹄（hú）自去来，玄猿或游戏。

一僧年半百，吟啸倏然至。

左手提竹筐，右手悬双屦。

陟险若康途，牵藤摘石耳。

石耳连石骨，净洁无纤滓。

不知几千年，巑岏（cuán wán）积幽气。

或言冰雪生，或言雾烟寄。

瓦罐就泉烹，舒卷黑云腻。

荔枝非其伦，芥（jiè）叶差可比。

始信深山中，自然有真味。

神话传说

张家界是一片神奇的土地，被誉为"世界奇观"，入选"中国十佳旅游胜地"、《世界遗产名录》等。除了优美的自然风光，还有丰富多彩的神话传说，在当地广为流传。

向王天子

在张家界流传着一些跟向王天子有关的故事。在这里，向王天子被视为主宰一切的守护神。

根据民国初编《永定县乡土志》记载，"向王天子"即明初土家族领袖向大坤，因揭竿起义自称"天子"而得此称号。后被明朝廷军队镇压，被围困于张家界天子山一带（天子山因此得名），粮尽草绝，人饿马亡，最终在神堂湾跳崖自尽。

实际上，今天流传于张家界景区的向王天子，融合了巴廪君、相单程、宋代向氏弟兄、明代向大坤等多位农民起义领袖的形象，成了当地的祖先英雄形象。

神堂湾

神堂湾是张家界天子山景区索溪峪西部一个神秘的半圆形洼地，被当地人视为"禁区"。这里三面是绝壁，仅有一道山崖缺口，湾内时而阴风阵阵，时而怪响连连，仿佛可以听到敲锣打鼓、战马嘶鸣的声音，宛如进入古战场，令人心惊胆战。当地有俗语云"宁过鬼门关，不下神堂湾"，甚至传言谷底有阴兵借道，去的人都有去无回。但经过科学考察，神堂湾是葫芦形地貌，谷底和谷口较小，谷中央面积较大，在雷雨天气时，谷中的风声、雷声和雨声会混合在一起，撞击山谷内的石壁，便形成了不同节奏的声音。

神兵聚会

天子山老屋场还有一处耸立的峰林，壮观威武犹如军队练兵，人称"神兵聚会"。相传向王天子在此发兵起义，而这些山峰都是向王天子的部下所化。

御笔峰

御笔峰是张家界的标志性景点，因峰顶尖峭，形似倒插的毛笔尖而得名。传说它原是向王天子的御用毛笔，在向王投崖自尽后，便化作山峰，在此守护他的亡灵。从地理科学的角度来看，御笔峰是流水、风力等侵蚀作用的结果，但关于向王的传说则赋予了它许多的幻想色彩。

仙女献花

仙女献花是御笔峰对面的一座山峰，其形状美丽端庄，犹如一位天女手捧花篮，被赋予了仙女的形象，因此而得名，又称为"仙女散花"。传说该仙女是一位深爱着向王的土家女子，在向王壮烈牺牲后，她手持鲜花，化作山峰，在此等候向王归来。

御笔峰

仙女献花峰

天子峰

古老村寨

　　生活在张家界高山上的土家族是中国一个神秘的少数民族。关于其起源，有多种说法。有人认为他们是古巴人的后裔，也有人认为他们是贵州迁移而来的乌蛮后人，还有人认为他们是自古以来的本地土著，更有传说称他们是"向王天子"的后裔。

　　事实上，土家族并非土族，尽管没有文字，但他们拥有自己的民族语言，世代在此与高山峡谷为伴，自称"毕兹卡"，意为"土生土长的人"。不过土家族并非张家界独有，这支民族还分布在湘、鄂、渝、黔交界地带的武陵山区。目前，中国土家族人口有950多万。

神奇的吊脚楼

土家族喜欢群居，他们的建筑多为吊脚木楼，这种楼通常傍山而建，临水而筑，成群结寨，按照"左青龙，右白虎，前朱雀，后玄武"的形制搭建，常见的特征包括花格窗、小青瓦、木栏扶手等。

房屋一般分为上下两层，上层通风良好，用作居室；下层潮湿、炎热，用来圈养家畜和堆放杂物等。

这种建筑的形成跟当地湿热的气候有关，而吊脚楼的设计有利于通风散热，以及防潮、防虫蛇等。

土家风俗

土家服饰

　　土家族的服饰以青、蓝色的土布或麻布为主。女性穿着为左襟大褂，衣袖宽大，常有绣花图案，头戴帽子或用布条包裹头部，并饰以各种银饰品。男性穿着则为对襟短衫，常戴帽子或用青丝帕、白布包头。整体风格体现出朴实、宽松的特点。

土家饮食

　　土家人的主食包括大米、玉米、红薯等，其菜肴多以酸辣口味为主。经典的土家美食有土家油茶汤、土家酱香饼、炕洋芋、粑粑、合菜、团馓等。此外，土家人还喜欢饮用糯米、高粱等粮食酿制的甜酒，这些美味佳酿常用于招待客人和庆祝活动。

玉米

红薯

油茶汤

大米

甜酒

酱香饼

炕洋芋

哭嫁习俗

在土家寨子里，新娘会以哭声来迎接自己的大喜之日，在结婚前半个月，新娘就会开始唱《哭嫁歌》，哭父母、哭哥嫂、哭亲戚、哭媒人、哭祖宗、哭梳妆、哭吃饭、哭上轿等，作为新娘告别娘家的仪式，哭声越大越吉利，表达了当地人与人、人与家庭之间的亲密关系和依依不舍之情。

耍棒表演

三棒鼓，唐代称为三仗鼓，是一种通过抛掷三根花棒、敲击锣鼓表演的娱乐活动，类似于杂技。每到春节，土家人会组成小队，一人负责击鼓并唱词，一人敲打锣鼓，一人进行花棒表演。表演者手持一根花棒，左右交替击打另一根在空中飞舞的花棒，使其不落地，同时必须与击鼓的节奏相协调。

宗教信仰

土家族的信仰十分丰富多样，包括祖先崇拜、自然崇拜、图腾崇拜等。在村寨中，通常会供奉许多祖先神灵，如土王、向王、八部大神等，他们认为祖先能够保佑子孙后代繁荣昌盛。土家族相信万物有灵，注重与自然界的花草树木和谐共处。此外，土家族还有一种白虎图腾信仰，他们以白虎为祖神，因此他们会祭祀白虎，家中常设有白虎神位。

山水画韵

张家界的奇峰秀水、怪石古松、云雾霞光等，是中国山水画的元素。其险峻神奇、虚幻缥缈的景观，契合了中国传统文化中的"写意"审美，滋养了人文艺术创作的灵魂。

1979 年，中国当代画家吴冠中到张家界写生，这里的独特山水激发他创作了《张家界马鬃岭》。这幅描写奇山秀水的水墨画使张家界声名鹊起，为人们熟知。吴冠中也因此被称为"发现张家界的人"。

除了传统艺术，很多武侠、仙侠、科幻等现代影视剧组也到张家界取景拍摄，如中国古典名著改编的《西游记》以及《钟馗伏魔》《捉妖记》等影视剧。可以说，大自然的奇妙景观成就了张家界，张家界的奇妙山水也为我们的艺术创作提供了源泉。

见此图标🖳 微信扫码

峰林秘境
张家界篇

图书在版编目（CIP）数据

张家界 / 姚青锋，吕芳青主编；书香雅集绘.
长春：吉林科学技术出版社，2025. 4. --（少年中国地
理 / 姚青锋主编）. -- ISBN 978-7-5744-2014-4

I. K926.43-49

中国国家版本馆CIP数据核字第2025SC9593号

少年中国地理
SHAONIAN ZHONGGUO DILI

张家界
ZHANGJIAJIE

主　　编	姚青锋　吕芳青
绘　　者	书香雅集
出 版 人	宛　霞
责任编辑	李思言
助理编辑	丑人荣
幅面尺寸	210 mm×285 mm
开　　本	16
印　　张	3
字　　数	38千字
印　　数	1～5000册
版　　次	2025年4月第1版
印　　次	2025年4月第1次印刷

出　　版	吉林科学技术出版社
发　　行	吉林科学技术出版社
地　　址	长春市福祉大路5788号出版大厦A座
邮　　编	130118
发行部电话/传真	0431-81629529　81629530　81629531
	81629532　81629533　81629534
储运部电话	0431-86059116
编辑部电话	0431-81629516
印　　刷	武汉市卓源印务有限公司

书　　号	ISBN 978-7-5744-2014-4
定　　价	39.80元

峰林秘境

写 峰林奇旅
时空漫游者的自然手札

读 石柱密码
揭开亿年地貌的传奇之谜

听 云雾声纹
聆听山水精灵的低语与回响

AI 地理导航
数字人导游『家家』带你探秘奇幻世界

数字探秘带你穿越奇幻山水

张家界篇

"码"上发现